AF454405

NOTES INÉDITES

SUR LA VIE ET LES ŒUVRES

DE

DOM GANNERON

CHARTREUX DU MONT-DIEU

PAR

Paul Laurent

Ancien Élève de l'École des Chartes
Archiviste du département des Ardennes

CHARLEVILLE

TYPOGRAPHIE ET LITHOGRAPHIE DE F. DEVIN ET Cie

1887

NOTES INÉDITES

SUR LA VIE ET LES ŒUVRES

DE

DOM GANNERON

CHARTREUX DU MONT-DIEU

RANÇOIS GANNERON naquit vers 1590 à Dammartin-en-Goële, chef-lieu de canton de l'arrondissement de Meaux (Seine-et-Marne)[1], et non en Bourgogne, ainsi que le prétend L'Écuy dans ses *Annales civiles et religieuses d'Yvois-Carignan et de Mouzon*[2]. Nous ne pouvons préciser davantage la date de sa naissance, la collection des registres paroissiaux de Dammartin, qui remonte à 1557, étant incomplète.

Il commença l'étude du latin chez un de ses oncles, Jacques Thouart, doyen de l'église collégiale de Dammartin, mort le 24 avril 1620, à l'âge de cinquante-huit ans[3].

Après avoir continué son instruction au collège de Provins et aux Universités de Reims et de Paris (où il avait le titre de chapelain de Notre-Dame), François Ganneron fit profession au

---

[1] *Archives départementales des Ardennes*, H. 571 bis. *Son père, Thomas Ganneron, mourut le 9 juillet 1617.*

[2] *In-8º, 1822, p. 455.*

[3] *Archives départementales des Ardennes*, H. 571 bis.

Mont-Dieu[1], le 8 septembre 1616, sous le priorat de Dom Étienne d'Auvergne[2].

Le 8 novembre 1618, il succéda à Dom Pierre Pinchart en qualité de coadjuteur chargé de l'administration des bois du Mont-Dieu. Durant sa gestion, les recettes provenant de ces bois montèrent à 1665 livres 6 sous 9 deniers, et les dépenses à 1644 livres 7 deniers[3]. Dom François Ganneron exerça les fonctions de coadjuteur jusqu'au 24 mai 1619 et fut remplacé par Dom Étienne Charpentier[4].

Cinq années après (1624), il était envoyé comme procureur à la chartreuse Notre-Dame-des-Prés, voisine de Montreuil-sur-Mer (Somme), pour avoir blâmé la somptuosité de certaines constructions entreprises au Mont-Dieu. Plusieurs autres religieux, DD. Antoine Ravel, Pierre Tullié, Gilles Le Bel, Remy Hazon et Anthelme Pinchart, furent, pour le même motif, frappés de disgrâce et relégués au Val-Saint-Pierre en Thiérache, à Saint-Honoré d'Abbeville, et au Mont-Regnault, près Noyon[5].

En 1625, Dom Ganneron fut déposé de la charge de procureur et nommé sacristain. L'année suivante (1626), on le renvoya de Montreuil au Mont-Dieu ; ses frais de route s'élevèrent à la somme de 13 livres 8 sous[6].

A la suite du passage des visiteurs ordinaires de la province au Mont-Dieu en 1631, il fut désigné pour remplir les fonctions de vicaire ou sous-prieur à la chartreuse de Montreuil[7]. Ce nouveau

---

[1] *Canton de Raucourt, arrondissement de Sedan (Ardennes).*

[2] D. Franciscus Ganneron fecit professionem coram Deo, in presentia D. Stephani d'Auvergne, prioris hujus domus Montis Dei, die octava septembris, anno 1616. (*Archives départementales des Ardennes, H. 564, fol. 99.*)

[3] *La corde de bois se vendait alors 45 sous ; la façon du cent de fagots était de 7 sous, celle de la corde, 5 sous ; la journée d'un scieur de bois valait 7 sous (Ibid., H. 560).*

[4] *Ibid., H. 560.*

[5] *Ibid.*

[6] *Ibid.*

[7] *Dans son histoire de la Chartreuse de Notre-Dame-des-Prés à Neuville, sous Montreuil-sur-Mer (Paris, in-8°, 1881), l'abbé Lefebvre a omis de citer Dom Ganneron parmi les vicaires, procureurs et sacristains de cette chartreuse. C'est de 1624 à 1626 et de 1631 à 1635 que Dom Ganneron hospita à Montreuil, et non en 1643, comme l'indique l'abbé Lefebvre dans le même ouvrage (p. 147).*

voyage coûta 20 livres. Il y resta deux années, et revint au Mont-Dieu avec le titre de vicaire (1633).

Au mois de juillet 1639, Dom Ganneron se rendit à la chartreuse du Val-Saint-Pierre, puis à celles d'Abbeville et du Mont-Regnault[1] ; il semble avoir demeuré en ce dernier lieu jusqu'en 1663, date de son retour au Mont-Dieu, où il mourut vers 1669[2].

Dom François Ganneron composa un assez grand nombre de traités historiques connus sous le nom d'*Annales*.

Quelques fragments de ces Annales sont conservés actuellement aux Archives des Ardennes[3] ; ils forment trois registres in-folio, ayant trente centimètres de longueur, sur vingt centimètres de largeur, et de quatre à six centimètres d'épaisseur. En voici le titre :

« *Moissons de Tiérasche, où sont compris plusieurs traittez, histoires et autres matières diverses, tant latines que françoises, dont le catalogue se verra cy-après, le tout ramassé et compilé en la chartreuse du Val-Saint-Pierre, ès années 1639 et 1640, par F. François Ganneron, religieux profès du Mont-Dieu.* »

Les *Moissons de Thiérache* sont divisées en vingt livres, d'une écriture très fine. Elles furent rédigées à la hâte par Dom Ganneron, au Val-Saint-Pierre, près Vervins, lors des troubles de la période française de la guerre de Trente Ans. C'est ce qu'il nous apprend dans le passage suivant, extrait de la préface de son ouvrage :

« Amy lecteur, je te puis asseurer qu'on a fait de bien pauvres moissons au pays de Tiérasche, depuis six ou sept ans que durent les guerres. Afin de me consoler entre tant de malheurs qui ne me pouvoient estre autrement que très sensibles par compassion que je dois et que Dieu m'a donnée envers les affligez, je me mis à

---

[1] *Archives départementales des Ardennes, H. 571* bis.

[2] *Les différentes dates de sa mort (1644, 1662 et 1664, données par Boulliot (Biographie ardennaise, in-8º, 1830, tome I, page 432), l'abbé Lefebvre (op. cit., p. 148), et Jean Hubert (Mélanges d'histoire ardennaise, in-8º, 1876, p. 50), sont toutes inexactes, puisqu'en 1668 il composait encore un ouvrage (nº 50 de notre Catalogue), où il pressentait sa fin prochaine :* Prope diem desmoliri candidatum.

[3] *H. 571* bis.

faire ces moissons particulières dans le déduy de ma chère solitude, ayant apporté avec moy quelques mémoires pour ce faire ; mais comme nous sommes toujours en des transes et appréhensions à raison des bruits et calamitez journalières, j'ai ramassé si précipitamment tout ce qu'il y a en ces traittez que je me suis estonné moy-mesme comment j'avois pu en si peu de temps, comme de vingt mois, assembler tant de pièces qui méritoient bien chascune tout ce temps, ce que je dis au lecteur afin qu'il ne vienne à penser que ce soit ici un œuvre accomply et qui ait passé par l'enclume ; ce sont seulement des desseins pour faire un jour quelque chose de bon, quand Dieu m'aura donné davantage de santé et de loisir. Je me suis estudié seulement de l'escrire nettement et n'effacer guères de choses, afin que le tout fust facile à lire, et afin que si quelque bel esprit vouloit quelque jour les polir et méliorer, il le pust faire aisément sans deviner. Plusieurs m'ont desjà importuné de leur envoyer coppie de quelquns de ces traittez, mais je leur ay refusé tout à plat, ne voulant communiquer des choses si grossières et si précipitées, que je ne les aye au préalable rendues dignes d'estre veues. On m'a aussy semond d'en dédier quelquns à des personnes qu'on me désignoit, mais comme je m'apperçois que ce seroit finalement pour les mettre en lumière, je ne le permettrai jamais *quamdiu spiritus hos reget artus*, si la suprême obédience ne me fait desmordre de ma résolution, ce que je dis pour la mesme cause que dessus, ces opuscules n'estans que des moissons de gerbes, et non du bled prest à porter au marché. »

Dom Ganneron dédia son ouvrage aux chartreux du Mont-Dieu, en ces termes :

« Estant présentement esloigné de vous, afin qu'il ne vous semble point que je vous aye mis en oubly, je vous dédie ces moissons que j'ay recueillies au Val-Saint-Pierre en Tiérasche, qui vous appartiennent de droit pour estre tirées la pluspart des vieux caiers restez de vostre ancienne bibliothèque, annéantie de présent, mais qui a esté une des rares et riches de la France. Or, jaçoit que j'aye dédié chacun de ces traittez à des personnes particulières en détail, je ne laisse pourtant de vous les dédier en gros, afin que vous aiez un gage éternel de ma reconnoissance et bienveillance, ne pouvant sans injustice le présenter à d'autres. Je suis seulement honteux que c'est un ouvrage de moissons et non un amas de froument espuré. Je me suis comporté en la structure et rapsodie de ce livre, ainsy que les laboureurs en temps de guerre ou de pluye ; ils amassent toutes leurs gerbes et javelles à la haste, crainte que la pétulance des soldats et l'importunité de la pluye ne les payent content de leurs négligences. Et quand bien ces deux fléaux de laboureurs (je veux dire le gendarme et la pluye estivale), leur manqueroient, les moissonneurs ne laissent pas dans la bonnasse du temps et de la saison, de moissonner avec le bon grain beaucoup d'espics bastards, coquelicoqs, mahons, rougettes et autres ordures que le fléau et le van émondent en temps opportun. J'ay donc compilé et amassé en ce livre tout ce qu'il y a de compris, fort précipitamment pour le peu de loisir que je m'imaginois devoir avoir, prétendant avec le temps le lécher et polir de telle sorte qu'il n'y auroit rien à redire ; mais comme la vie de l'homme n'est pas en son pouvoir, Dieu seul tenant le nombre et compte de ses ans, s'il arrivoit qu'il plust à Dieu m'appeler avant que d'accomplir ces desseins, je vous conjure, mes vénérables pères, de mettre tout cet œuvre *en lumière* ainsy qu'il le mérite, je veux dire qu'on le condamne aux flammes et qu'on ne le voye jamais, car j'aurois un desplaisir immortel de le veoir vivre après moy, avec si peu de garbe et de politesse ainsy qu'il est convenable. J'asseure seulement que toutes les matières y comprises sont de bon alloy, et n'y manque que la parure. Vous en ferez, s'il vous plaist, ainsy de mes autres pauvres opuscules que vous trouverez au Mont-Dieu, si tant est que je n'aye la commodité de les reveoir. »

Ces *pauvres opuscules*, au nombre de vingt, composés de 1620 à 1639 (nos 1 à 20 de notre Catalogue chronologique), sont perdus[1], sauf deux (nos 9 et 19), qui seraient, paraît-il, l'un entre

---

[1] *Ils faisaient autrefois partie, dit-on, de la bibliothèque de M. Dorival, ancien secrétaire général de la préfecture des Ardennes. Que sont-ils devenus? Nous l'ignorons.*

les mains d'un collectionneur ardennais, et l'autre à la chartreuse de Bosserville, près Nancy. Dom Ganneron nous en a laissé la liste au commencement de ses *Moissons de Thiérache.*

Quant aux vingt livres des *Moissons de Thiérache*[1], rédigés de 1639 à 1641 (nos 21 à 40), ils ne furent pas, heureusement, « mis en lumière », selon le désir exprimé par Dom Ganneron ; on peut les consulter actuellement aux Archives des Ardennes.

De 1641 à 1653, nous ne connaissons que six mémoires de Dom Ganneron ; trois d'entre eux (nos 41, 42 et 43) sont transcrits à la suite des *Moissons de Thiérache* ; les autres (nos 44, 45 et 46) ont disparu.

Dans les dernières années de sa vie (1663-1668), Dom Ganneron fit encore quatre opuscules (nos 47 à 50), conservés à la bibliothèque de Charleville[2].

Nous donnons ci-après la liste des cinquante manuscrits que nous venons de mentionner ; elle constitue un catalogue à peu près complet des œuvres de Dom François Ganneron.

---

[1] L'un de ces livres, intitulé : Centuries du pays des Essuens, *intéresse particulièrement notre région ; il composera le tome Ier d'une publication que nous entreprendrons sous le titre de Documents inédits sur l'histoire des Ardennes, si le monde érudit veut bien nous encourager dans cette tâche.*

[2] N° 256 *du catalogue de la bibliothèque de Charleville (un registre in-folio, trente-quatre centimètres de longueur, sur vingt-deux centimètres de largeur et trois centimètres d'épaisseur). Deux de ces opuscules (nos 49 et 50 de notre catalogue), ne sont pas* mentionnés dans le Catalogue *général des manuscrits des bibliothèques publiques des départements. Paris, 1879, in-4°, tome V.*

CATALOGUE CHRONOLOGIQUE

DES

MANUSCRITS DE DOM GANNERON

1620—1668

Manuscrits perdus[1].

1. — Histoire de la vie du B. Loys Bertrand, de l'ordre de Saint-Dominique (1620).

2. — Tractatus de cella sancti Bernardi, quæ est apud Montem Dei (1620).

3. — Monbasoniades seu historiæ Montis Dei versibus exaratæ, libri duo (1627).

4. — Monumenta Cartusiæ Beatæ Mariæ de Pratis secus Monstriolum (1628).

5. — Considerationes in universam vitam domini nostri Jesu Christi (1629).

6. — Procès-verbal sur l'autheur du livre *De imitatione Christi* (1630).

7. — Trophée de la Vie solitaire, restaurée par les Chartreux (1631).

8. — Œuvres du B. Boson, prieur des Chartreux, translatez en françois (1631).

9. — Histoire de la fondation de la chartreuse du Mont-Dieu (1631).

---

[1] *A l'exception des n⁰ˢ 9 et 19.*

10. — Histoire de la fondation des chartreuses de Picardie (1632).

11. — Pellicanus solitudinis seu tractatus de Epistola ad fratres de Monte Dei (1634).

12. — Mausoleum sancti patris nostri Brunonis (1637).

13. — Cathena aurea vitæ sancti Brunonis (1638).

14. — Itinerarium veri Cartusiani, seu tractatus de Virtute solitari (1638).

15. — Vita sancti Gibriani eremitæ et confessoris (1638).

16. — Sentiment universel de tous aages et siècles touchant la disme (1638).

17. — Vita B. B. Odonis et Guigonis, fundatorum Montis Dei (1638).

18. — Monumenta Montis Dei, duobus tomis compræhensa (1639).

19. — Monumenta almæ Cartusiæ Vallis Sancti Petri (1639).

20. — Tableaux de l'origine et progrès de la chartreuse du Mont-Dieu (1639).

Manuscrits conservés aux Archives départementales
des Ardennes[1].

21. — Synopsis P. P. visitatorum provinciæ Picardiæ ordinis Cartusiensis, a constitutione ejusdem provinciæ, usque ad nostra tempora, ubi et de origine visitationum, opus dedicatum venerando in Christo patri domno Anthelmo de Prouville, cartusiæ Valencennensis priori meritissimo, necnon et provinciæ Picardiæ visitatori præstantissimo, anno domini 1639, 17° calendas augusti (24 pages).

22. — Mémoires ou supplément des antiquitez de la chartreuse du Mont-Dieu, comprenant un petit sommaire des choses les plus mémorables passées depuis l'an 1631, jusques à l'an 1640, pour donner commencement au 3e tome des antiquitez de ladite char-

---

[1] *Les nᵒˢ 21 à 45 forment les trois tomes des* Moissons de Thiérache ; *le tome Iᵉʳ comprend les nᵒˢ 21, 22, 23, 41, 42, 43 ; le tome II, les nᵒˢ 24 à 32 ; le tome III, les nᵒˢ 33 à 40.*

treuse, dédié au vénérable Père en Nostre-Seigneur, Dom Charles Le Bret, très digne prieur de la chartreuse du Mont-Dieu, et convisiteur de la province de Picardie, l'an de grâce 1639, 2ᵉ jour d'aoust (39 pages).

23. — Centuries de l'estat ecclésiastique du pays des Essuens, anciens peuples rémois de la Gaule Belgique, de la piété qui y a flory et de plusieurs autres choses mémorables arrivées depuis la naissance de nostre Sauveur, jusques à notre temps, le tout recueilly de plusieurs anciennes chartes et mémoires trouvés en la chartreuse du Mont-Dieu, et d'autres informations faites au pays, dédié à très illustre et très religieux prince monseigneur Henry de Lorraine, marquis de Moy, l'an de grâce 1639, 29 aoust, et achevé en l'an de grâce 1640, 3 janvier (439 pages).

24. — Histoire tripartite des archevesques, diocèse et province de Reims, ramassée succinctement de divers autheurs, tant anciens que modernes, et spécialement de quelques manuscripts, et digérée selon l'ordre des temps, dédiée à monseigneur l'illustrissime et révérendissime Henry de Lorraine, archevesque et duc de Reims, premier pair de France, légat-né du Saint-Siège, abbé de Saint-Remy, l'an de grâce 1640, 3 janvier (256 pages).

25. — Martyrologe de la sainte église métropolitaine et diocèse de Reims, auquel sont estallez par ordre des mois et des jours, les saints, les bienheureux et autres personnages illustres en piété qui y ont flory depuis l'entrée du christianisme jusques à nostre temps, dédié à monseigneur le révérendissime évesque de Dardanie, l'an de grâce 1640, 30ᵉ jour de mars (160 pages).

26. — Sacrarium remensis ecclesiæ, in quo recensetur hierogazophylacium, seu catalogus sanctarum reliquiarum almæ urbis Remorum et locorum celebriorum diocesis ejusdem, opus dedicatum D. Bernardo, Clarævallis protoabbati sanctissimo, mellifluo et planè theodidacto, doctori suavissimo Galliæ, imo et totius ecclesiæ jubari splendidissimo, anno domini 1640, 16º mensis maii (62 pages).

27. — Sentence interlocutoire sur le différend de l'histoire du docteur damné, qui a donné commencement à l'ordre des Char-

treux, où on donne ample satisfaction à ceux qui le révoquent en doute, dédiée au révérend père Mathieu Phulpin, religieux de la compagnie de Jésus, et confesseur du très religieux prince Henry de Lorraine, marquis de Moy, l'an de grâce 1640, le 25 may (32 pages)[1].

28. — Vita patris venerabilis Antonii Ravelli, monachi Cartusiæ Montis Dei, ex monumentis almæ cartusiæ Vallis Sancti Petri Terasciæ extracta, opus dedicatum venerabilibus in Christo patribus monachis cartusiæ Montis Dei, qui vitæ religiosæ palæstram sub auspiciis venerabilis patris A. Ravelli iniere, anno domini 1640, 4° calendas junii (26 pages).

29. — Histoire de la vie, mort et vertus admirables du P. Antoine Ravel, religieux chartreux du Mont-Dieu, décédé l'an 1638 au Val-Saint-Pierre en Tiérasche, suivie d'un appendice et dédiée au vénérable père en Nostre-Seigneur Dom Antelme Pinchart, prieur du Val-Saint-Pierre, l'an 1640, 20° jour de juin (174 pages).

30. — Vita sancti Hugonis episcopi Gratianopolitani et patris Antonii Ravelli, unico contextu ob morum, morborum atque vitæ conformitatem edita, et ex ipsius historiæ per Guigonem conscriptæ meris verbis enucleata, opus dedicatum D. Hugoni ecclesiæ Gratianopolitanæ præsuli sanctissimo, sacerdotum omnium sui temporis præstantissimo, authoritate, gravitate et pietate reverendissimo, tyrannorum cunctorum castigatori potentissimo, schismaticorum leoninorum profligatori acerrimo, monasticæ vitæ illustratori nobilissimo, Cartusiæ primæ patri et fundatori experientissimo, in omni denique vitæ sanctitate consummatissimo, anno domini 1640, 8° calendas augusti (20 pages).

31. — Éloges du vénérable père Dom Antoine Ravel d'heureuse mémoire, ramassez de divers auteurs et escrivains, l'an de grâce 1640, le 31 juillet. Dédicace : Piissimo patri Antonio Ravello,

---

[1] *En note, on lit l'observation suivante : « Ce traitté est superflu, d'autant que j'en ay fait un autre plus ample et mieux digéré* (Vindiciæ geneseos Carthusiensium) **dans** *l'histoire latine de saint Bruno* » (N° 15 *de notre catalogue.*)

olim hujus Montis Dei in diebus peregrinationis suæ alumno, nunc vero supremi Montis Dei curiæque cœlestis conscripto patri (32 pages).

32. — Vie de la vénérable mère Anne de Roucy, abbesse de Saint-Estienne de Reims, et la première de France qui receut la réforme de Saint-Augustin, dédiée au vénérable père en Nostre-Seigneur Dom Estienne Charpentier, prieur de la chartreuse de Notre-Dame-des-Prez, lez Montreuil, l'an 1640, le 4e jour d'aoust (69 pages).

33. — Le chandelier d'or à sept lampes du comté de Ponthieu, auquel reluisent les saints tutélaires qui y ont flory, asçavoir : Saint Honnoré et Saint Saulve, évesques, Saint Josse et Saint Vulfly, ermites, Saint Riquier, abbé, et Sainte Austreberte, abbesse, et le B. Helgot, comte de Ponthieu, le tout extrait de plusieurs anciens cartulaires non imprimez et grandement rares, dédié au vénérable père Dom Jehan Jomart, prieur de la chartreuse de Sainte-Anne lez Nancey, l'an 1640, le 18e jour d'aoust (97 pages).

34. — Tableau de la piété des anciens comtes de Boulogne, qui disputent de l'antiquité avec les roys de France, de la noblesse avec ceux d'Angleterre, et de la religion avec tous les potentats de l'Europe, dédié au très illustre et très catholique Henry-Maurice de La Tour, duc de Bouillon, seigneur souverain de Sedan et Raucourt et prince du Saint-Empire, l'an 1640, le 5e jour de septembre (40 pages).

35. — Épistre parénétique et historique de l'idée parfaite des bons ecclésiastiques, tirée des exemples de nostre temps, dédiée par F. François Ganneron à son frère messire Nicolas Ganneron, prestre et curé d'Hyères[1], au diocèse de Paris, l'an 1640, le 13 de septembre (44 pages).

---

[1] *Yerres, canton de Boissy-Saint-Léger, arrondissement de Corbeil (Seine-et-Oise). Nicolas Ganneron fit ses études à Reims et à l'université de Paris. Nommé chapelain de Notre-Dame pendant qu'il terminait ses études à cette Université, il accepta ensuite la cure d'Yerres, après avoir refusé successivement un canonicat en l'église collégiale de Dammartin et la cure de l'église paroissiale Saint-Jean de Dammartin, sa ville natale. Pour plus de détails sur les autres membres de la famille de Dom Ganneron, consulter le traité n° 40, intitulé* Vignes d'Engaddi, *pages 110 à 114. (Archives départementales, II. 571 bis.)*

36. — Décade hagiologique qui comprend les vies et histoires de dix saints moins connus de l'un et l'autre sexe, qui sont : Justin, cardinal ; Corentin, évesque ; Walois, abbé ; Maxe, évesque ; Folquin, évesque ; sainte Lutarde, vierge ; sainte Maxence, martire ; sainte Benoiste, martire ; sainte Alizon, impératrice : sainte Alpaïs de Cudoc ; dédiée au vénérable père en Nostre-Seigneur Dom Nicolas Remy, très dévost religieux de la chartreuse de Nostre-Dame de Bourgfontaine, l'an 1640, le 23e jour de septembre (35 pages).

37. — Vie du R. P. Bernard de Montgaillard de sainte mémoire, abbé d'Orval au duché de Luxembourg, autrefois qualifié le Petit Feuillant, lequel mourut sainctement en son abbaye l'an 1628, le 8 juin, dédiée au vénérable père en Nostre-Seigneur Dom Jacques Maulroy, très dévost religieux de la chartreuse du Mont-Regnault, lez Noyon, l'an 1640, le 1er jour d'octobre (45 pages).

38. — Scénopégie ou description des tabernacles des anciens Hébreux, distingués en 72 mansions, qui se retrouvent depuis la vocation d'Abraham jusques à l'entrée de la terre de promission, ausquelles se doivent rapporter les édifices matériels des religions bien ordonnées, ainsy que la vérité à la figure, dédiée aux vénérables pères en Nostre-Seigneur les vénérables et très religieux pères de la Grande Chartreuse, l'an 1640, le 10e jour d'octobre (222 pages).

39. — Lipsanographia seu tractatus de reliquiis sanctorum, contra lipsanoclastas et incurios hujus temporis æstimatores et veneratores, opus dedicatum venerabili in Christo patri ac præcordiali amico D. Lucæ, crochartio cartusiæ Aurelianensis, vigilantissimo sacristæ, anno domini 1641, 17° calendas februarii (74 pages).

40. — Vignes d'Engaddi, ou bien un assemblage de plusieurs pièces et fragments historiques, résolutions de questions et autres diverses leçons de choses rares et moins connues, tirées des manuscrits anciens, œuvre très utile pour son sujet, récréatif pour sa diversité, et au goust des antiquaires, dédié à très vertueux et très honnorable homme monsieur Anthoine Arnoul,

conseiller du roy et lieutenant de l'eslection, à Dammartin-en-
Goëlle, l'an de grâce 1641, 3 febvrier (117 pages).

41. — Mémoires divers ou recueil de lettres relatives à la chartreuse du Mont-Dieu (1641-1653; 41 pages).

42. — Épistre au V. P. prieur du Mont-Dieu, touchant le style
des escrivains de ce temps (1646; 4 pages).

43. — Lettre au V. P. D. J. L. C. pour response sur son
histoire des sculptures du Val-Saint-Pierre (1648; 8 pages).

Manuscrits perdus[1].

44. — Triomphe réciproque de Saint Bruno envers l'esglise de
Reims et de l'esglise de Reims envers Saint Bruno (1645).

45. — Vendanges vermandoises (164?).

46. — D. Francisci Ganneron, carthusiani, actio de repetundis
(vers 1650)[2].

Manuscrits conservés à la Bibliothèque de Charleville.

47. — Promptuarium gloriæ cœlestis, in quo habentur ex dictis
sanctorum præludia quædam æternitatis, collectore Francisco
Ganneron, Cartusiano veterano, opus dedicatum venerabili admo-
dum patri D. Hieronymo Robinio priori cartusiæ Beatæ Mariæ
de Pratis ad Monstrolium, anno domini 1663, calendis junii,
in Monte Dei, et finitum anno 1666, pridie calendas martii
(100 pages).

---

[1] *Nous n'avons pu découvrir aucun renseignement sur les ouvrages composés par Dom
Ganneron de 1654 à 1662. L'abbé Lefebvre, dans son Histoire de la Chartreuse de
Montreuil (p. 55, note 2), mentionne, sans lui assigner de date, un manuscrit intitulé
Martyrologium Cartusiense, comme ayant Dom Ganneron pour auteur. Si cette indication
est exacte, il est probable que Dom Ganneron l'ait rédigé entre les années 1654 et 1662;
on ne peut guère supposer que notre chartreux soit resté inactif pendant huit ans.*

[2] *Dans le traité n° 46, D. Ganneron cherche à prouver que c'est un chartreux qui
est l'auteur de l'Imitation de Jésus-Christ. Ce traité devait compléter sans doute le
Procès-Verbal sur l'autheur du livre de Imitatione Christi, écrit par D. Ganneron en
1650 (n° 6 de notre catalogue chronologique).*

48. — Historia vitæ, virtutum atque revelationum piissimæ virginis Annæ Griffoniæ, quæ ante hos annos vixit in parthenone cartusiano Gosnay, juxta Bethuniam, excerpta et eliquata ex codice revelationum ejus, per Franciscum Ganneron, Montis Dei cartusianum veteranum, opus dedicatum beatissimo Francisco Assisii splendidissimo jubari, fratrum minoritarum institutori, paupertatis occuratissimo cultori, nobiliter insignito caracteribus Christi, Annæ Griffoniæ similiter insignitæ patrono, anno domini 1664, pridie idus septembris (123 pages). A la fin du manuscrit, on lit ces mots : Quoniam, oculorum acie hebetata, vix pergere possum ad scribendum quæ supersunt, consulo ut ad majora percipienda liber revelationum ejus diligenter revolvatur.

49. — Medulla totius vitæ spiritualis, ex meris locis et exemplis sanctæ scripturæ elicita, per Franciscum Ganneronium, Montis Dei alumnum atque cartusianum veteranum, in proximo tumulandum, opus dedicatum venerabili in Christo patri D. Jacobo Bellote, cartusiæ Vallis Sancti Petri meritissimo priori, anno 1666, calendis martii, in Monte Sancto Dei, et finitum eodem anno, pridie calendas augusti, in Monte Dei (101 pages).

50. — Fasciculus præconiorum Beatæ Mariæ Virginis ex multis elicitus et compactus, per Franciscum Ganneronium, monachum Montis Dei, prope diem desmoliri candidatum, opus dedicatum venerabili in Deo patri D. Bernardo Bruyant, novo rectori cartusiæ Beatæ Mariæ de Pratis ad Monsterolum, anno domini 1666, calendis augusti in Monte Dei, et finitum anno 1668, 4° calendas februarii (28 pages).

ERRATUM. — Page 4, ligne 12, au lieu de Somme, lire : Pas-de-Calais.

www.ingramcontent.com/pod-product-compliance
Lightning Source LLC
LaVergne TN
LVHW021606170726
843501LV00010B/3878